edds

Egbert Dörfler

Das poetische Werk

Band 5

Egbert Dörfler

ANS ENDE DER ZEITEN

Gedichte

edition darsan 2024

Bibliografische Information der Deutschen Nationalbibliothek:
Die Deutsche Nationalbibliothek verzeichnet diese Publikation in der Deutschen Nationalbibliografie; detaillierte bibliografische Daten sind im Internet über dnb.dnb.de abrufbar.

Umschlaggestaltung: Christian A. Klempert

Herstellung und Verlag:
BoD – Books on Demand, Norderstedt

Printed in Germany

ISBN 9783759713285

Love’s not Time’s fool, though rosy lips and cheeks
Within his bending sickle’s compass come;
Love alters not with his brief hours and weeks,
But bears it out even to the edge of doom.

William Shakespeare

VERWIRRENDE LICHTER

IN DER FREMDE

Rätselhaft blau dunkelt heute der Tag.
Fliehende Herden durchqueren
ein silbernes Tal.

Bis gestern noch glühende Flügel,
die rot und bedrohlich
sich über die Sonne
erhoben.

Doch dann schon die Frau
mit dem Nachtglanz im Haar;
ganz nah,
unantastbar.

Und immer wilde Pferde,
wilde weiße
Pferde.

DUNKLER MOND

Was der Mond in der Nacht
warst du für mein Leben in D.

Du ließest lange
die sanften Blicke geschehn
und entschwandst meinen Augen.

Ich rannte vergebens dir nach?
Rief umsonst in die Nacht deinen Namen?

Oder kehrst du zurück?
Seh ich dich wieder,
dunkler Mond?

SHOCK OF LOVE

Du findest dich wieder flussabwärts;
September in engeren Gängen,
vor steileren Hängen. Auch hier bricht
unerbittlich dein stolzer Morgen.

Sie zieht vorbei wie die blendende
Sonne, dann sanft wie der Mond, wie der
unaufhaltsame Strom Richtung Meer –
und entschwindet, als der März beginnt.

Selten ein Lächeln. Kaum je ein Gruß.
Doch ihr grundloser Blick bindet dich
an eine tiefere Wirklichkeit,
die nicht verrinnt und dennoch dir fehlt.

Da taut dir das Eis. Du verlierst dich,
blamierst dich, brüskierst sie und weißt nicht,
warum du hierherkamst, so lieb sie
gewannst, noch wohin jetzt dein Tag weht.

CARNEVAL

Warum ist sein Verlangen nun an mich
Wie ein Plakat an eine Wand geschlagen?
Warum muss er seit Tagen Schmerz ertragen,
Wenn bunte Träume nur entwirren sich?

Mein Blick verwundet ihn ja wie ein Stich
Und jedes nette Wort, das ich zu sagen
Bin bemüht, lässt ihn gequälter fragen:
Warum liebt sie nicht mich, warum nicht mich?

Ich muss ihn konsequent, der sich im blinden
Streben an mein Leben kleben will,
Von seiner roten Illusion entbinden.

Nur so kann er die weißen Gipfel finden,
zu denen sich durch Nebelschleier still
die Pfade aller wahren Liebe winden.

GABELLANSCHE WOLKE

Ihr rotierendes Zeitschiff
geparkt in der Dämmerung
ich seh noch die Uferallee im Nordwesten
dahinter die Glut –
roten Reste des
einsamen Tages.

Ich seh noch den leuchtenden
Mond, noch
die pappelbewaldete Insel
die Autobahn-
Brücke
orange und bizarr
war ich jemals so glücklich?

Wir wanderten weit,
weit in die sehr warme Nacht, weit
noch zunächst von
ein-
ander
den grasbewachsenen Sandweg
stromaufwärts
erinnerst du dich?

Erinnerst du dich an die sinkenden Sterne?
Sinkend
hinab in die
Tiefe der Sehnsucht
sinkend
dein Blick auch in meinen.
Was du damals wünschtest –
ich weiß es bis heute
noch nicht.

Doch sehe ich
tief noch in mir
dein nachtblondes Haar
auf dem schwarzen Pullover,
die felsigen Steine am mondenen Strom
wo ich deine Hand nahm
und du ...

So lang schon vergangen
ihre außerirdische Schönheit,
erinnere ich mich noch immer
des Rückwegs
ganz nah beieinander
ganz nah
noch
des Monds
und des ruhenden Flusses

der rauschenden Pappeln
des silbernen
Kahns
ah!

Was jenseits des Traumstroms geschah –
es zeigte mir unmissverständlich und klar:
Sie wird zurückkehren in ihre Nebel und Wolken
aus meiner Spiralgalaxie. Ein Leben zu zweit
bis ans Ende der Zeit gelingt mit ihr nie.

EREIGNISHORIZONT

Durch den schwarzgrauen Film plötzlich auf-
schäumt und
bricht
das vergangene
Leben
noch einmal
die riesigen
Kokosnusspalmen
sich biegend im West-
Wind Welle
um Welle
davor
sibyllinischer Sand-
Weg
und du
lehnst am parkenden
Cadillac
lächelnd –
belichtete
Schönheit
noch immer
Welle um
Welle

um Welle

erloschen

im schwarzen

Loch

der

Zeit

ASTEROID

In die letzte Sekunde „Zum Lichtschiff
nach Alpha Centauri“ schlägt unsre Tür.

Nachtjahre wieder
trotz Sternengestöber.
Fensterumrandete
Stille.

Nur mein Blick schreit zurück –
– als der stürzende Stein plötzlich
aufglüht
und unsere blaue Heimat
in ein schwarzgraues
Leichentuch
hüllt.

COMA BERENICES

In einer roten Kapsel
kreisten wir um einen
weißen Planeten.

Und als ich sie fragte,
ob wir bald landen,
erschrak sie
und rief:
Lass mich raus, lass mich raus!
Ich will leben!

Da öffnete ich eine Luke
und sie
eine Locke mir lassend
erstarrte zum Stern –
Bild von vielen
im
All

PLANET DER TOTEN MEERE

Dem einsamen Wanderer auf fremden Meeren erfand,
Soeben gefährlichen Stürmen und Riffen entronnen,
Das Heimweh in der blauen Nacht ein Land

Mit Kokospalmen, Gipfeln, rot wie Sonnen
Glühend, Früchten, reif im Tropenwald.
Er nahte – doch da brachen seine Wonnen

Sich nur auf flachem Strand, der ihm sehr kalt
Erschien; zwar war er sanft der weiße Sand,
Doch wurde die Insel auf einmal so klein, dass sie bald

Als ein Schaumbild im Wüten der Wogen entschwand.

BALKAN-
BRUCH-
STÜCKE

1

Sommersonne
schattenscheibengedämpft
über mattgrüner Alpenlandschaft.
Verschlafene Dörfer entschwinden
ins silberne Rauschen
der Zeit.

2

Wie immer begleiten mich Mädchen,
die mir vor kurzem begegnet sind.
Im Zug nach Zagreb beim Lernen
serbokroatischer Wörter
assoziieren die harten,
fremden Laute
Thekla
Edith
Perdita

3

Roxana jedoch heißt die Bosnierin,
die mir nach der unbequemen Nacht
ohne Kopftuch
gegenüber
sitzt.

Seitdem Minarette
die Landschaft vermessen,
ist sie gesprächig geworden.
Sie erklärt mir, dass ihr Koran
die reine Wahrheit enthalte, während
in die Bibel der Christen mancher Irrtum
eingeflossen sei.

Um das zu beweisen
versorgt sie mich jetzt
mit Kaffee und Kuchen.

Zum Apfel jedoch, den sie
aus ihrem Rucksack
kramt,
sag ich:
„Ne hvala".

4

In Sarajewo half mir Roxana ein Hotel zu finden.
Sie sprach mit dem älteren Herrn an der Rezeption
serbokroatisch. Der aber wandte sich mir zu
und sagte in fließendem Deutsch: „Ich habe
nur ein Doppelzimmer frei. Sie benutzen ein Bett;
das zweite bleibt unangetastet. Ihre Freundin
kann Sie nicht besuchen."

(Was hatte sie ihm suggeriert?)

5

Meine bosnische Reisebegleiterin habe ich nie mehr
gesehen. Nachdem wir Adressen und Nummern
ausgetauscht hatten, nahm sie den Bus
ins Dorf ihrer Eltern.

Einmal
längst in München zurück
rief ich sie an.
Mit alter, kaum wiedererkennbarer Stimme
berichtete sie von
Mord
Vergewaltigung
Folter ...

Drei Tage später –
ich wollte ihr helfen
nach Deutschland zu fliehen –
war die Leitung gekappt.

6

Tunnelstrecke nach Mostar.
Ein stoppelbärtiger Greis
schließt das Fenster wegen des
Luft-
Zugs.

„Das bleibt offen!"
empört sich das halbnackte
Teenagerpärchen
ihm gegenüber
in meiner ständig
geschändeten Sprache:
„Bei dieser Hitze!"
Und die deutsche Zicke zieht
tatsächlich das Fenster
wieder
auf.

Der Alte murrt etwas
unschwer zu Deutendes,
was auch den Beifall der
anderen Fahrgäste
findet.

Dann wankt er,

schienengeschüttelt,

durch das Abteil

und sinkt

auf den freien

Platz neben mir.

7

In karger Berglandschaft SOBE – CHAMBRES –
ROOMS – ZIMMER
Restaurants,
Souvenirläden,
Reisebüros und
Busse aus ganz Europa.

Tausende Pilger sind gekommen
die Botschaft zu hören:
Betet, fastet, versöhnt euch!

Gottesdienste in Serbokroatisch und Englisch,
in Deutsch, Italienisch, Französisch ...
Warteschlangen vor Beichtkabinen.
Menschen jeden Alters vergessen
die äußere Welt und
sinken in stummes
Gebet.

Ein Pater in seiner Predigt spricht auch von
Schreckensvisionen der Seher
und dem Hinweis der heiligen Jungfrau,
wir lebten am Ende der Zeiten.

Sollte Unheil hereinbrechen,

jetzt wo die Mauer gefallen,

die Wiedervereinigung Deutschlands,

ja die Einheit Europas

bevorsteht?

8

Vier Jahre später ist die Zugfahrt
über Sarajewo unmöglich.
Ich nehme den Nachtbus
von Rijeka ...

Grenzkontrolle beim Eintritt
in den zerbrechlichen
Staat
BOSNIEN-HERZEGOWINA

Die Hotels im dämonenumtobten Bergdorf,
wo der Himmel Frieden fordert,
stehen leer.
Im Restaurant
bleibe ich heute
der einzige Gast.

9

Magazine und Zeitungen melden Massaker.
Während westliche Medien meist von Verbrechen
der Serben berichten, hört man hier keine
nationalistischen Töne.
Noch immer lautet die Botschaft:
Bekehrt und versöhnt euch.

10

Am Ende der Abendmahlfeier des Retters der Menschen

Kumbaya my Lord

kumbaya

unter den Gipfeln der dalmatinischen Alpen

mit Pilgern aus allen Nationen

den brennenden Zellen

seines mystischen Leibs

Kumbaya my Lord

kumbaya

in welchem sein göttliches

menschliches

Herz

schlägt

Oh Lord, kumbaya

erscheint

in den Wolken im Westen das Bild

eines Reiters

mit blutgetränktem Gewand

11

An jeder Palme
der Strandpromenade Makarskas
schwarzumrandet
eine mit Nägeln befestigte
Todesanzeige.

12

Im Pinienhain vor dem indigofarbenen Meer
das unversehrte Schild:
AUTOCAMP ROMANTICA
zwischen ausgebrannten
Wohnmobilen.

13

Auf der palmengesäumten Hafenpromenade von Split
(soeben läuft die letzte Fähre aus nach Ancona)
vermag mein zerfledderter Reiseführer
Jugoslawien
mit großem rotem,
gelb umrandetem
Pentagramm
auf der Titelseite
einen jungen Schwarzbart aus der Fassung zu bringen.
That country –
zeigt er zackig auf das schmale Büchlein,
als wolle er es
mir aus der Hand
schlagen –
not longer exist here.
You are in Croatia.

14

Erwachen aus trübem Traum
westlich von Trogir.
Frühstück
inmitten Soldaten.
Der ReiseProspekt-
Strand
Angst-
leer
doch blau-
Helm-
bewacht.

15

In der Morgensonne ein
UN-Jeep
zu *f*UN*ny* ergänzt
im Staub-
Negativ

16

Chaotischer Dreiklang am Busbahnhof Zadar. Rechts
aus der Bar dumpfes
Viervierteltakthämmern.
Von hinten hellerer, kitschiger Kommerzsound
zu weiblichem Singsang.
Dazwischen von links *Gimme shelter*
der alte Song der Stones:
Rape, murder
it's just a shot away.

17

Grimmig
sinkende
Sonne
gegen-
über
zerklüfteter
Küste
zum Schlottern der
gummireifengesicherten
Bretter-
Brücke

18

Kein Tourist mehr im Bus –
dem glänzenden Ziel
für die Artillerie.
Auch den letzten Passagieren
ist das Gerede
verstummt.

19

Häuser ohne Außenwand:
entblößte Möbel,
dreckige Teppiche,
zersplitterte Spiegel ...
Und die östliche Fassade
des malerischen Kirchturms
ein Sieb.

20

Nackte Männerleiche. Einschusslöcher
bilden exakte Linien vom Hals
über Schultern und Brust, Bauch
und Schenkel bis zu den Füßen.
Als befestigten rote
Nägel die staubgraue Haut.

21

Zwischen dachlosen Häusern
am Ende der Trümmerstadt
haben sich Hunde
ineinander
verbissen.
Und Ratten
hüpfen
auf verlassenen
Terrassen.

22

Eine junge Frau im Straßengraben
(immer noch blond ihre Locken) –
ohne Hände und Füße.
Im Bauch eine klaffende Wunde,
als hätte
jemand ein Kind
heraus-
geschnitten
aus ihr.

23

Entsetzen im Bus, Panik, Wut.
Antigone möchte aussteigen.
Auch ein barmherziger Tobit
        will die Toten begraben.
Warum hält der Geisterfahrer nicht an?
Warum überhaupt diese Route?
Sind wir denn Geiseln
        in diesem Krieg?

24

Die Sonne taucht in die Adria.
Ein graues Paar
        auf Klappstühlen
                unter grinsenden
            Felsen
            starrt
    in die blutlicht-
                geflutete
            Bucht,
        wo das Schiff
            uns erwartet.

25

Die verspätete Fähre wirft uns gegen Mitternacht an Land.
In keinem Hotel mehr ein Zimmer für den Gestrandeten.
Die letzte Bar entlässt ihre schwankenden Gäste.

Irrweg zwischen Trümmern und Säulen,
als das Gewitter hereinbricht.
Zwei nasse Nachtwandlerinnen flüchten
zum Tempel
einer toten Göttin.
Der Balkanpilger harrt
unter schwerem
Balkon.

In der Dämmerung kracht es und blitzt es
nur fern noch im Osten.
An üppig gefüllten Pfützen waschen sich
die müden Katzen.

26

In einem Touristenbüro nördlich des Krieges
höre ich wieder vertrautere Laute:
Ein übergewichtiger Glatzkopf
in Badehose und Hemdchen
(gehbehindert angeblich)
führt
sich
auf
weil er mit seinem Mercedes
nicht ins historische Stadtzentrum darf.
„Und Sie wollen nach Europa!"

„In München können Sie auch nicht
durch die Fußgängerzone fahren,"
erklärt ihm die Dame am Schalter
gelassen und beinah akzentfrei.
„Im Übrigen –
Kroatien ist in Europa."

Ich ziehe es vor, meine Frage
auf Englisch zu stellen.

27

Eines Abends,
Jahre danach,
als ich von der Arbeit komme,
raunt ein Nachbar mir zu:
Der Krieg hat begonnen.

In der Tagesschau sieht man tatsächlich
Tornados
und Blitze
und Säulen
aus Rauch.

Dazu die Regierungsrhetorik
zur Rechtfertigung eines
völkerrechtswidrigen Angriffs.

Zum ersten Mal seit dem Pakt mit dem Teufel
führt mein Heimatland wieder Krieg.

Aus dem Nebel der Zukunft
steigen feuerspeiende Vögel,
wälzen metallene Schlangen
sich
auf
uns

AUTOBAHNREFLEXE

FEBRUARNACHT

Langsam
und langsamer jetzt
in das rot-weiß
gesprenkelte
Dunkel.
Tiefer tauchen die Schein-
Werfer
als sich der Regen
wandelt in
Schnee
Licht
Treiben
zwischen schwarzen
Wagen
wie Kähne
auf weißgrauem Strom
mit 50 nur noch
mit 40
dann 30
der rote
weiße
Tanz
in mir
in Dir

SCHLOSSKONZERT

Nach den hängenden Gärten
und rotweißen Schloten
Nachmittagskaffee am Köschinger Forst
gegen unheilverkündende Müdigkeit.

Beim Zuckerrühren noch immer
Gedanken an Sara.
Hätte sie mitfahren wollen? Zu schnell
war die U-Bahn gekommen und ich
rief nur Ciao und ließ sie erstaunt
zurück
mit einem Ja
in ihren unversehrten
blauen
Augen.

Schleunigst wieder in die Regenspur
mit 100
dann 80
ins Altmühltal
abwärts ...

Der Bogen um Nürnberg
mit flitzenden Wischern
Feucht (heute tatsächlich)
Nürnberg Zentrum
Nürnberg Nord
Tennenlohe
Die meisten Karossen ordnen sich
links
ein.
Ich komme rechts am Stau
vorbei
Frankenschnellweg
nur gebremst vom
Tempolimit durch
Erlangen
bis ich das Gaspedal wieder
durchdrücken kann ...
Diesmal an Bamberg vorüber
ans Ende der Autobahn
südlich von Coburg
die Bundesstraße
nach Westen.

In einem Dorf muss ich noch einmal fragen.
Doch bald zeigt glänzend buntes Blech –
Gewimmel
am Straßenrand

und rechts in den Feldern:
Ich bin am Ziel.
(Wäre doch Sara dabei!)

Der wilde Park –
Morast
Platz
und nass
die längst
viprierende
Juliwiese.
Warum ist er heute so pünktlich?
Schon der zweite Song
she's true like ice like fire
als ich durch die Sperre trete.

Im Schlossgarten surrealistische
120-Phon-Metaphern
gekrächzt und verunklart
a raven with a broken wing
zwischen Fichtenwald
bunten, exotischen Vögeln
(diesseits und jenseits des Käfigs)
68er Graubärten
schütteren Ex-Protest-Mähnen
links gar einer mit Haar-
Prothese

evening's empire

has reeeturned into sand

Spitzer Beifall und Pfeifen

dann umwittert

Schweigen

die raue, erschütternd persönliche

KlangKlage

Sara Sara

mystical wife

und ich denke

an meine

unbekannte Freundin.

Auf nie gehörte Lieder folgen vertraute Akkorde

die sich zu tieferer Botschaft

verdichten

When they came for Him in the garden

did they know?

Der heilige Protestant

streut poetische Predigten ein.

Doch wer verstand

seine Botschaft?

When He rose from the dead

did they believe?

Ich dränge zur Bühne. Muskelmauern

umgeben den alternden Meister
der jetzt von der Sehnsucht singt
in den Himmel zu kommen
before they close the door
dann einen Ausblick gibt
auf den Tag
when He returns
und die neue
gerechte Gesellschaft
der alles umfassenden Liebe
errichtet
war won't cease
until He returns

Vor dem letzten Song schon entschließe ich mich
zum Rückzug
durchs Chromlabyrinth.
Von Ferne vulgäres
Rumpeln
im Wald
ev'rybody must get stoned
vermischt mit
Wolkengrollen
und himmlischem
Blitz
Licht

Glühende Autobahnschilder
südlich von Nürnberg
der einsame
Einbruch
der Nacht
links
tausendfach
GegenSchein-
Flackern
rechts
rote Girlanden
die durch Täler
hängen
kilometerweit
um an Hügel-
Horizonten
zu erlöschen.

Gegen das Gähnen ein Mitternachtskaffee
in der Raststätte Greding.
Dann wieder südwärts –
in meinen Gedanken
der Dichter
tryin' to get to heaven
und Sara
my *mystical wife*

LASTER

Blinkend noch links
von der Stinkspur
grellt
plötzLichtSpiegelSchocklang
zwischen
finsteren Lastern
Raszwang

CORA

Wortloser Abschied, bei dem ich
Verlor und gewann und verlor.
Im Süden, über der falschen
Mitternachtsautobahn, groß, rund,
Noch rot, der letzte Sommermond.

VERWEHENDE SCHÖNHEIT

CATALINA

Während das Flugzeug nach Lima
sich quält über den Bergrücken
hinter der Startbahn von Cusco,
denk ich zurück an Catalina,
die mich immer idealisierte
    (zu einer weißen Leinwand
        machte sie mich
    ihres reinen Verlangens)
und die ich nicht erhören konnte,
ohne sie zu enttäuschen
    (deswegen enttäuschte ich sie,
    ohne sie zu erhören) –
Sie, für die ich gleichsam perfekt war,
würde mich sehen
      mit all meinen Fehlern
      mit all meinen Falten.

(Oder sterbe ich hier an den kalten
        Felsen der Anden?)

LIEBESKINO NR. 77

Warum schreibst du mir, Fancy,
denn nicht mehr?
Warum nur, Fancita, hör ich nichts mehr
von dir?

In Cuenca erst las ich erstaunt
dass du um eins kamst,
als ich längst wieder weg war
vom Plaza de Armas in Piura,
wo wir um zwölf uns verabredet hatten.

Seit Wochen schon halte ich Ausschau
nach deinem verlorenen Werben:
In Mexico-City, wo das ComputerCafé
am Zócalo über dem Juwelierladen
mit dem Silber schon schließt,
                    mit dem Gold.

In den Public Libraries
            kühl und kostenlos
von El Paso, am wasserlosen Rio Grande
und in der palmendurchschatteten
Wüstenstadt Tucson

vor dem Ausflug zur alten
indianischen Kirche
San Xavier del Bac ...

In San Francisco suchte ich
eine Botschaft von dir
in der Nähe des Union Square
(10 Dollar, um ein paar E-Mails zu checken)
doch die Bedienung, die mir das Bier brachte,
übertraf dich zumindest an Liebreiz,
vielleicht gar an Schönheit.

Auch auf Oahu keine Nachricht von Fancy;
in Honolulu, nach dem Sonnenaufgangsbad
am elektronischen Surfbrett
hinter dem Waikikistrand ...

In Tokio nicht, noch Fukuoka
Busan, Daegu und Seoul ...
nicht in Hongkong, noch Bangkok,
noch Delhi.
(Wen faszinieren im mystischen Indien eigentlich
launische südam'rikanische chicas?)

Auf keinem Computer der Welt,
nirgendwo finde ich ihren Heiratsantrag.
(Wahrscheinlich hätt' ich ihn ohnehin abgelehnt.)

Dabei umwarb sie mich damals,
als gäb es nur mich noch für sie,
an den sandigen Küsten Perus
von Trujillo nach Piura,
meine Fancy von gestern,
meine müde, alte Fancita.

SEOUL LOVE

1

Unerwartet in die Mitte meines Tages tratst du.
Und wie schnell du banntest meinen ungeschützten
Blick.
Es gelang mir schon nicht mehr, die Augen
zu wenden von dir, ohne die süße
Schwerkraft zu spüren
die sie immer wieder an dich
zog;
tiefer und tiefer verbog
deine Nähe die
buddhavergoldzierten Tempel
die hellgrün erblühende Eiche
im schmetterlingstrunkenen Park
die lotusentsunkenen
Teiche

2

Unter dem steinernen Tor
in verlorene Zeiten
wo du chinesische Ideogramme erklärtest
wagte ich es
ganz verstohlen
dich
mit der Kamera
fest
zu
halten
(nahm ich
– wie es treffend im Englischen heißt –
ein Foto von dir)

Trotz deiner lebhaften Rede
merktest du es
und warfst einen Blick
mir
herüber
ein wissendes Lächeln ...

Ich wurde verlegen
und hielt

meine bildschwere Kamera
fest
wie ein Dieb.

3

Vor der stattlichen Pagode
grüne Dächer und schwarze Dämonen
stand sie
und verbeugte sich
tief
bevor ich
alleine
durchs Tor schritt.

Erst sagte sie: „Thank you“
und dann
auf mein „Annyeong-hi gyeseyo“
„Annyeong-hi gaseyo“.

4

Auf dem entwickelten Foto jedoch
Wochen danach
war dein langer, dunkelblauer Rock
hell
und hell
dein kastanienfarbenes Haar
und dein zart asiatisch geformtes
Gesicht
nur noch
Licht

5

Ich nur hätte sie noch einmal aufsuchen können.
Ich wusste allein, wo sie residiert.
Ich kannte ja ihren Palast.

Doch ich wagte es nicht aus Furcht
sie könnte sterben
durch mein Werben.

6

Manche konsumieren ihre Begierde
(was die blinden Liebe nennen)
in Autos und Parks und gemieteten Zimmern;
ich aber schaue nur immer
in meiner verzauberten Seele
dein Bild
und bewahre deine Schönheit –
meine Sehnsucht
ungestillt.

7

Eines Tages wirst du berühmt sein.
Eines Tages
durch meine Verse.
Doch du wirst davon
nie erfahren.

JANG

Andere, wenn sie deinen Namen lesen
in meinen Gedichten
werden sich, wenn überhaupt, deines Körpers
erinnern, den du ihnen überließest
für wie viel, wie wenig auch immer
(ich will es nicht wissen).

Ich, der dich niemals berührt hat,
außer einmal in der Bar,
neben meinem Hotel
um deine Hand wegzuschieben,
als du frech wurdest,
ich werde immer deine Seele schauen
in deinen traurigen Augen,
als ich von der Liebe sprach,
für die ich die Einsamkeit wähle;
den grundlosen Grund
einer Sehnsucht
den kein Mensch je kann füllen.

EWIGE AUGENBLICKE

GERASA

Ich werde nie vergessen, wie er mich
heilte, als ich dämonenbesessen
bei den Nackten und Toten weilte.

Er kam zu mir her, dem sonst keiner mehr
nahte, und befreite meine Seele;
Teufel und Schweine stürzten ins Meer.

Ich folgte zum Boot ihm und wollte nach
Rom und Athen, Jerusalem, ja bis
ans Ende der Welt mit ihm reisen.

Er aber schickte mich heim in mein Dorf
und gebot mir, sein göttliches Wirken
durch Prosa und Verse zu preisen.

ENGEL

Im LautsprecherLärm zwischen
grauen Betonsäulen, ganz
unerwartet noch einmal
wortlos das tiefsanfte Licht,
an dem meine Seele so
hing, für sieben Sekunden
vielleicht, während mein Herz sank
in der blendenden Neon-
Nacht, einmal noch und dann für
immer, für immer
nie mehr

NUESTRA SEÑORA DE GUADALUPE

In die Aura getaucht deiner mystischen Fotographie –
ja, dieses unerklärliche Foto auf einem Agavenfasergewand
besitzt eine unvergleichliche Aura,
(Güte ausstrahlend, Ehrfurcht gebietend, Vertrauen erweckend)
mächtiger und vor allem realer als alle
Gemälde und Statuen
selbst der bedeutendsten Künstler –

In diese Aura getaucht und tiefer noch in die reale Präsenz
deines Sohnes
an meinem letzten Morgen in Mexiko-City
leuchten selbst die banalen Gesichter der Menschen
in den Straßen der Megalopolis
in unergründlichem
Glanz

LA CARIBEÑA

In der Schau deines Antlitzes
verblassen die Flattergesichter der Welt.
Mystisches Meer,
                    aus dem mich erst deine
Verlegenheit wieder zurück-
wirft an das seichte Ufer
der Zeit.

VERHEISSUNGSVOLLE KONJUNKTION

Wie zwei Planeten kamen wir uns nah
Auf unseren elliptisch weiten Bahnen,
So dass, wenn man uns aus der Ferne sah,
Wir einer scheinen mochten. Wir konnten ahnen,

Dass wir das Licht der Sonne doppelt Andern,
Die in der Nacht verlorn, als Botschaft senden.
Dann mussten wir uns trennen, weiterwandern
Und schließlich völlig voneinander wenden.

Doch hoffe ich, wir werden eines nicht
Zu fernen Tages wieder zu uns finden,
Noch näher beieinander, ja so dicht
Wie Mond und Erde sich als Paar verbinden,

Und dann gemeinsam um die Sonne kreisen.
Wer Mond und wer Planet, mag sich erweisen.

SPÄTER SOMMER

Wieder mit dir in New York, umweht
von rubinrotem Laub, auf free-jazz-
umzitterten Central Park-Wegen ...

Schwerelos eins!

Doch, sag mir, Geliebter, welche Frucht
wird noch bringen unsere Liebe?

HEIMKEHR

1

Durch diesen Wald noch,
jetzt die Autobahnausfahrt,
der Blick auf das Tal
und die Stadt, euer Haus! Doch
ihr wartet nicht mehr auf mich.

2

Euer Eigenheim
mit Garten und Swimmingpool,
Kunstwerken, Büchern – ja selbst
euren Leib habt ihr klaglos
verlassen, als Gott euch rief.

3

Der schlanke Kirchturm
mit schiefergrauen Zwiebeln,
das Amtsgericht im Schloss, hoch
über dem Flüsschen,
die engen, gepflasterten
Gassen, Mauern und Fachwerk,
unter Linden im Park auf
felsigem Hügel
die Marienkapelle –
Hier spricht noch alles
vom gemeinsamen Leben.

4

Doch wie amputiert
liegt die Vaterstadt heute
vor mir. Wo ist das
große Gebäude auf dem
westlichen Berg, wo
viele geheilt worden sind,
die ich kannte und liebte?

5

Über 700 000
für den Abriss (so stand's in
der Zeitung); Zerstörung trotz
der vielen Möglichkeiten,
das Krankenhaus zu nutzen.

6

Das einsame Tal,
wo ich seit meiner Jugend
Dauerlauf mache,
wird jetzt überspannt von der
Autobahnzubringerbrücke.
(Sie sprengt sogar das Tanka.)

7

Hell hing im Osten
die Sichel des sterbenden
Mondes zwischen den
Sternen, tief im All, bevor
wir den Vater begruben.

8

Du standst an der Tür,
schwach geworden von Krankheit
und Leid, und blicktest
mir nach, als wüsstest du: Dies
ist der Abschied für immer.

9

Ich betrat den fremden Raum,
dich zu begrüßen.
Doch deine Augen blieben
geschlossen, gefaltet die
Hände. Atemlos
lagst du da, wie ich nie dich
noch sah, wie versunken in
Kontemplation, wie entrückt
in ewige Anbetung.

10

Dein Tod gibt Zeugnis
von deiner Liebe. Schon nach
drei Wochen bist du
dem Gatten gefolgt, mit dem
du das Leben geteilt hast.

11

Bis zuletzt hast du
der ehebrecherischen
Generation auch
mit Worten bezeugt, was du
lebtest: Treue bis zum Tod.

12

Wie stark die Liebe
euch verband, verraten selbst
die Todesdaten:
Sie sind Permutation von
eins und zwei, von zwei und eins.

13

Darin sehe ich
ein Symbol eures Lebens
seit ich es kenne:
Wo ihr eins wart, wart ihr zwei;
wo ihr zwei wart, wart ihr eins.

14

Dass sich die Ziffern
zu drei addieren, spiegelt
Gottes Gegenwart:
Zentrum eurer Liebe und
Tor in die Zukunft.

15

Mit 19 auf der
Schlachtbank des Kriegs; verstümmelt
durchs Leben gehinkt.
Doch nie hab ich klagen dich
hören über dieses Kreuz.

16

Hilferufe in der Nacht,
als deine Welt zu
zerbrechen begann.
Dann das Versagen
der Sprache und schließlich nicht
einmal essen mehr ohne
Beistand Anderer.

17

Jahr für Jahr tiefer
sankst du in Schweigen und Schlaf.
Doch dann und wann ein
unerwartetes Wort, das
uns in Staunen versetzte.

18

Es war ein Freitag,
halb drei, die Todesstunde
unsres Erlösers,
an den du stets geglaubt hast,
als er dich zu sich nahm –

19

Als ihr starbt, lag Schnee
im Garten. Heute leuchten
eure Tulpen weiß,
schwarz, rot; und Osterglocken
läuten in meinen Regen.

20

Weiß der Apfelbaum,
dass wir unter ihm saßen?
Erinnert der Wind
sich noch unserer Feste?
Und Nächte, tränengetränkt?

21

Ich mähte das Gras
an meinem Geburtstag und
sah voll Erstaunen:
Vor dem Fenster im Westen
waren mitten in grüner
disteldurchwachsener Nacht
Margeriten aufgeblüht;
daneben kleine
blutrote Blumen.
Der Rasenmäher begriff
diese Botschaft und
ließ sie in weitem
Bogen dankbar stehn.

SMS AUS JAPAN

1

Nein, unerwartet
kam das Unheil am Morgen,
als wir noch schliefen.

2

Eine Straßenwalze fuhr
durch meine Träume
und ließ das Haus erzittern.

3

Die Zimmerdecke
ächzte, Mauern krümmten sich,
das Dach riss entzwei.

4

Während ich rannte,
das Kind auf den Armen,
verwandelt das Meer sich
in ein Gebirge und
stürzt auf uns herab.

5

Als ich zu mir kam,
lag ich allein
inmitten von
Steinen und
Leichen.

6

Stell dir vor, alles ist weg:
Mein Mann und die Kinder, die
Eltern, alle wurden weg-
gespült. Nur dieses Foto
hab ich gerettet.
(Ich send es Dir digital.)

7

Auf dem Bild siehst du Saki,
mein Söhnchen,
im Garten.
Das Dreirad
war ein Geschenk
zum letzten
Geburtstag.

8

Das andere Foto
habe ich heute gemacht:
Hinter den Skeletten,
wo die Trümmerwüste weint,
stand unser Häuschen.

9

Wir durften nur zwei
Stunden bleiben. Sie sagten,
sogar mit dem Meer
verbrennt man sich jetzt
in Fukushima.

MENETEKEL

WTC-RAP

Vom Battery Park
zur Perry Street
(good guy in a window)

prrrrrrrrtrrrrrrrrp

Vor Yamasakis
Zwillingstürmen

prrrrrrrrtrrrrrrrrp

Ich blicke auf
die gewaltigen
arabisierenden
Silberfassaden
– hinter denen
A r m u t und
R e i c h t u m
verteilt wird –
(wie arrogant sie in den Himmel ragen!)

prrrrrrrrtrrrrrrrrp

und bleibe unten

GÖTZENDÄMMERUNG

CitigroupCentre Coeur Défense Torre Europarco Tour Carpe Diem
Kommerz-Punk-Wolkenkratzer Cum-Cum&Cum-Ex-Turm €-Tower
...
Die Stahlkathedralen der menschengeschaffenen Götter
sprießen wie Pilze gen Himmel –
und werden knicken wie Pilze,
kehrt Europa nicht um.

KULTURINDUSTRIE

Über Nacht, ohne jede Reklame, in den Popmusikcharts
El Canto Gregoriano
der Mönche des Klosters Santo Domingo de Silos;
alte Aufnahmen, nicht einmal sonderlich professionell.

Wer hätte auch damit gerechnet, dass Mönchsgesang
(zwischen Hard Rock und Hip Hop)
Kultmusik würde in Discos?

Nun aber kamen die Händler des Weltkonzerns
MAMMONgroup
und boten Verträge, das Gebet zu vermarkten.

Die Mönche jedoch sagten nein
und zogen es vor, keine Popstars zu sein
unter den Menschen.

SCHEIN

Der Schein ist zerrissen.
Für den sie gearbeitet hatten und lebten.
Den sie geschaffen hatten,
ihre Kraft anzubeten
und Leistung.

Einige kehrten zurück auf die Felder.
Andere sprangen aus gläsernen Wolken.

Aufgelöst hat sich
ihr gieriges Spiel
mit dem Nichts
wie jede Fiktion.

Schon werden zertrümmert
Türme und Bilder
Sterne und
Stiere.

Einige zelten vor Banken.
Andere harren
(in der Hand die gewendeten Hüte)
vor Kirchenportalen.

Am Ende wuchsen nur noch die Nullen.
Und wurden so leicht
wie der Politiker
Worte.

MONA

Beim letzten Treffen
erstarrte ihr Blick, als ich
fragte: Wie geht's dir?
Marmornes Lächeln. Warum
stürzte sie sich vom Balkon?

DEUTSCHLAND 2011

Angie, Angie, ain't it good to be alive?

Glauben Sie wirklich, verehrte Frau K.,
es genüge, Kernkraftwerke stillzulegen,
um sicher zu leben?

Glauben Sie, die Ermordung hilfloser Menschen
hunderttausendfach jedes Jahr
(nicht Fukushima –
Hiroshima jedes Jahr!)
webe ein weniger furchtbares Schicksal,
als giftige Strahlen es wären
nach einem Unfall?

Angie, leg lieber die Abtreibungswerke still!
Leg die Abtreibungswerke still, Angie!

Damit wir nicht alle
im Lager für ewigen Abfall
entsorgt werden.

TRANSHUMANISMUS

We can now engineer the human race

(*MIT Technology Review*, May/June 2015)

Sie maßen sich an, Menschen
nach ihren Wünschen zu schaffen;
Zur Rechenschaft ziehen wird sie
ihr Schöpfer –
und ihr Geschöpf.

AUFSCHLAG

Für J. H.

Nicht wie ein Siebzigkilostein,
der in tausende kleine und größere
Brocken zerbricht
auf dem Gehsteig ...

Auch kein trockenes Brett,
im vierten Stock aus dem Fenster geworfen,
das zurückspringt und hallend zur Seite
klatscht ...

Eher ein Platschen, doch nicht wie Wasser,
fest vielmehr, und dennoch weich
wie Lehm oder Teig ...
oder als falle etwas ins Moor ...

Ferdinand schloss die Balkontür.

Martinshorn plötzlich und Blaulicht
Notarzt und Feuerwehr,
Polizei

Und Fragen, die nicht verstummen,
wie der sumpfige Aufschlag
an jenem Samstagnachmittag.

EINSAMER SOMMER

Morgens hallen nur meine
Schritte durch das Haus.

Bambus, Disteln und Rosen
beschweren die heißen Tage.

Der alte Baum wurzelt tief
im Gedächtnis. Und in den Nächten,

während ich Ausschau halte
nach den erloschenen Sternen,

spüre ich selbst schon
das sichere Ende der Zeit.

AUF DER BRÜCKE

1

Aus atlantischer Wolkenpanik
gefallen
in leiseres
Beben
und sanfteres
Wanken.
Nur die Brücke zählt.

2

Unter
gelbrotem
Segel
in der haifischfarbenen Bucht
kauert
ein schwarzer
Frosch-
Mann!

3

Die
Pyramide
aus StahlBetonGlas
schwebt nun über der Küste.

4

Schritt für Schritt über
bluesdumpfem Hupen
löst die
Welt sich
auf in
Grau

5

Qual-
beladener
Rück-
Blick
nach Süden.

Wo
sind die jäh entschwundenen
Masten der Stadt?

6

Nirgends mehr Ufer;
auch das Meer ist gewichen
vor der weißen Nacht.
Im Schauder der Einsamkeit
selbst die Brücke erzittert.

7

Erloschene Nonnen
irren umher. Sie verließen
ihren Bräutigam, um
Propheten zu folgen,
    deren Götter
die Liebe nicht kennen.

8

Der Protestant, der
aus den Elendsvierteln der
Männer küssenden Männer
    auszog,
        um seine
            Seele zu retten,
          hastet
              vorüber

9

Alle Saiten der
stählernen Harfe stechen
himmelwärts
ins Nichts.

12

Unentschlossene Freundin,
man muss sich lösen lernen.
Du hattest so lang
meine Seele gebunden
und erkanntest mich doch
nicht.

(Ich hoffe, sie hat
den rettenden Felsen auch
ohne mich erreicht.)

10

Der fromme Freund aus Colombo
ist
ohne sich
umzudrehn
weitergeeilt.

11

Selbst die rostroten
Eisenpylonen enden
über den Wellen.

13

Die drogen- und bier-
blockierten Nachbarn –
Haben sie den Weg
aus der Stadt noch gefunden?
Ehe das zischende Scheusal
aus dem Ozean
          schoss?

14

Die City ein schwarz
brennender Abgrund,
keucht ein wandelnder Geist, das
Grauen im Antlitz, wer kann
flieht auf die Brücke –

15

Eine Wasserstoffbombe?
Vor der Küste gezündet
könnte sie zehn Milliarden
Liter Meer verwandeln in
glühenden Dampf.

16

Am Geländer hängt mein Freund,
der Übermensch. Wie
kann ich ihn retten?
Ach, käme doch nur
ein gequältes Pferd vorbei.

17

Woher dieser glitzernde
Klang wie von Glocken?
Ist jemand gar schon
am Ziel?

18

Gespenstischer Gehsteig, rot
rot und weiß
weiß umzuckt
von plötzlichen
Funken

(Holt uns die Gammastrahlung schon ein?)

19

Wie lang ist sie noch,
die vibrierende Brücke
                    ans Ufer des Lichts?
Sie wird doch nicht enden im

WORK-IN-PROGRESS

(Vier Fragmente)

DAS HEILIGE DEUTSCHLAND

„Es lebe das heilige Deutschland!",
soll Stauffenberg gerufen haben,
bevor ihn Hitlers Henker erschossen.

„Es lebe das heilige Deutschland!"
zitierte den todgeweihten Attentäter
Stauffenberg-Mime Tom Cruise
2007 in Düsseldorf, als man ihm
ein/e/n Bambi verlieh. (Sind Bambis
männlich? weiblich? sächlich?
oder divers?)

Das diverse Bambi-Volk jedenfalls
und seine Propagandisten spotteten bloß.

Ich jedoch schließe mich jenem Wunsch an:
„Es lebe das heilige Deutschland!"

Aber gab es denn je ein heiliges Deutschland?
Gibt es ein Vorbild in der Geschichte?

Das preußische Deutschland von achtzehneinundsiebzig
mit seinem nationalistischen, militaristischen, anti-

katholischen Todeskult sicher nicht,
auch wenn sich der Kaiser als Oberhaupt einer
protestantischen Glaubensgemeinschaft verstand.
Waren es wirklich nur Schlafwandler,
die uns in den ersten Weltkrieg führten?

Das unheiligste Deutschland lässt sich leicht identifizieren.
Obschon es nur zwölf Jahre währte, brachte der faustische Pakt
eines selbsternannten Führers und seiner gesetzlosen Bande
mit dem mephistophelischen Lügengeist, der Macht verspricht,
aber letztlich nur will, dass alles zugrunde geht,
60 Millionen Menschen den Tod
(vor allem Christen und Juden).
Reiche Ausbeute in so kurzer Zeit
für den Teufel.
Aber Heilige gab es dennoch in Nazi-Deutschland.
Insbesondere in den Konzentrationslagern.
Ihr qualvolles Leiden und Sterben
hat die Jahre des Terrors verkürzt.

Suchen wir weiter in der Vergangenheit
oder gar in der Gegenwart nach dem
heiligen Deutschland.

...

Das heilige Deutschland bleibt Utopie, die wir selbst

nicht verwirklichen können. Der erste Schritt aber wäre,
dass sich jeder und jede persönlich bekehrt
zu dem einzigen Gott, der sich offenbart hat
als Liebe.
Er allein kann uns heilig machen
als Einzelne, und
wenn es viele sind, manifestiert sich die
Heiligkeit auch in Nationen und Völkern
(als heiliges Deutschland,
heiliges Russland,
heiliges Frankreich,
heiliges China,
heiliges Nord-Korea ...).

DAS WORT

Die Betrachtung des Wortes, durch welches das All existiert
(Chaos und Kosmos, Universum,
vielleicht sogar Pluriversum,
also doch All),
sonst gäbe es keine Welt, mit wie viel Dimensionen auch immer.
(Nichts ist Nichts und bleibt Nichts
ohne das Wort des Schöpfers.)

Der Urknall, wie Physiker heute den Schöpfungsakt nennen,
beginnt mit sehr kurzem Chaos, das sich wandelt zum Kosmos,
zur Ordnung in Gaswolken, Galaxien, zu Sonnen, Planeten und –
auf mindestens einem von ihnen zum Leben, zur Evolution
(*centro-complexification* nennt Teilhard den Prozess),
mit dem Aufstieg des Geistes zum Menschen ...

Der Kosmos, welcher geschaffen ist durch dieses göttliche Wort
und für es
(durch einen Urknall, in der Sprache der Physiker, die als Natur-
wissenschaftler natürlich nicht wissen, was ihn ausgelöst hat,
denn sie können den Schöpfer jenseits der Raum-Zeit
mit ihren Methoden per se nicht erkennen).

Der Kosmos
geschaffen
(und mit ihm der Raum und die Zeit)
ist
nicht ewig,
darum endet er auch
(laut einer Berechnung)
nach
1000000000000000000
000000000000000
000000000000
000000
000
0
Jahren
„with a whimper"
wie T.S. Eliot poetisch es ausgedrückt hat.

Die Atome zerfallen, die schweren Elemente werden zu leichteren, Blei wird zu Gold, während das All sich immer noch ausdehnt und schneller noch ausdehnt, getrieben durch eine dunkle, noch unerforschte Energie, und am Ende ist ein Planet, der noch nicht verschluckt worden ist von seiner Sonne oder gesogen in ein Schwarzes Loch, eine Kugel aus Wasserstoffeis, die sich irgendwann ebenfalls auflöst, denn selbst die Protonen zerfallen und die Neutronen, ja schließlich platzen sogar die Schwärzesten

Löcher, platzen zu Elementarteilchen, während das All sich immer
noch ausdehnt, getrieben durch diese rätselhafte Energie.

Das große Erlöschen
aller Teilchen in Kälte und Nacht
in Einsamkeit quasi
und damit das Ende des Raums und der Zeit.

So endet das Epos des Kosmos,
wie die Wissenschaft uns es erzählt
(Stand Anfang des 3. Jahrtausends),
hier knapp zusammengefasst und übersetzt aus der Sprache
der Mathematik und Physik und Chemie,
und zu halbfreien Rhythmen verdichtet.

Der Mensch aber fehlt noch. Die Physik hat ihn weitgehend
ignoriert, den Menschen, der nicht, wie das Tier, zufrieden ist
mit der Welt, der sich nach Ewigkeit sehnt, der Mensch
ist dem Tod verfallen, der Einzelne ohnehin, und die Menschheit
jedenfalls lange, bevor der Kosmos erlischt.

Auch die Biologen helfen nicht weiter. Die Evolution,
selbst durch die Technik verlängert, kann dem Erlöschen
aller Materie nicht auf Dauer entgehen.
Doch es gibt einen Ausweg:

...

AM ENDE DER ZEITEN

So wächst auch in mir die Gewissheit:
Wir leben am Ende der Zeiten,
in den Jahren der großen Enthüllung
αποκαλύπσις.
Längst ist das siebte Siegel geöffnet.
Die Geheime Offenbarung
ist nicht mehr geheim ...

Lesen wir also nicht mehr Romane,
die bürgerliche Zeitvergeudungsgattung,
sondern die eher dünnen Bücher der Propheten
mit ihren fragmentarischen Blicken in die Zukunft!
Vielleicht auch einige Dichter, die Mystiker waren wie
San Juan de la †, William Blake und Novalis,
Thomas Merton, Ernesto Cardenal ...

Schnell verknüpfen sich Ahnungen mit der Erinnerung
an alte Vorhersagen:
Ancestral voices prophesying war ...
Nein, Mr. Coleridge, Opium-Visionen
erscheinen mir nicht zuverlässig,
da mischen sich Lügen ein, Illusionen und leere
Phantasie,

doch der Herrscher, der uns gerade bedroht,
mag durchaus gedeutet werden
als ein moderner
Kubla Khan
mit Atombomben freilich bewaffnet.
(Seinen *pleasure dome* hat uns Nawalny gezeigt).

Überzeugender scheint mir Angelo Roncallis Vision von 1936:
Il grande Fratello d'Oriente farà tremare
il mondo dalla capovolta senza gigli.
Die Welt des umgekehrten Kreuzes, die soeben erzittert,
ist ohne Frage der Erdteil,
der sich als erster zu Christus bekehrt hat,
vor beinahe 2000 Jahren
und der ihn seit 200 Jahren verrät.
Statt der Reinheit Rebellion
gegen die Ordnung des Schöpfers
und seinen Sohn,
das göttliche Wort,
das sich inkarniert hat,
um die Menschheit zu retten.

Ein anderes Bild, gewaltig und zeitübergreifend,
doch passender noch für unser Europa
als für das Rom der Antike,
könnte Folgendes sein: die Frau auf dem Tier (Offb 17),
moralisch verkommen

macht sie Geschäfte mit allem und allen.
Das Tier aus dem Wasser (die NATO?)
das sie immer noch schützt,
erhält eine tödliche Wunde.
Dann wird die Frau verlassen sein und
dem großen Bruder nichts
entgegensetzen können.

Der dritte Krieg jedoch wird nicht lange dauern,
prophezeite schon der blinde Jüngling von Prag.
(Obwohl er blind war, schaute er im 14. Jahrhundert
die Zukunft seiner Heimat.)
Drei große Kriege sah dieser junge Mann
am Ende der Zeiten
(zwei sind inzwischen
Geschichte),
beim dritten wird seine Heimatstadt
durch eine Sonne zerstört,
die vom Himmel fällt ...

NACH WESTEN

Düsenjäger zerschlagen die Nacht in
verzweifeltes Schreien
und Krachen, als breche
die Erde
entzwei.

Auf die A3, dann nach Westen! Und ihr?
Wir fahren über die Rhön ...
Nach Westen!
Zwischen Hupengeheul und
Motorengebrüll –
Nach Westen!
Nach Westen!

Ich will leben, greint Reinhard Müllers Frau.
Ich halts nicht mehr aus. Auf diesem Land
liegt ein Fluch. Bring mich nach Frankfurt.
Ich fliege nach Ecuador.

Bleibe bei mir, versucht er sie zu beruhigen.
Hier sind wir sicherer als unterwegs.

Ich will zurück in die Heimat. Wenn du hierbleibst,
frag ich die Nachbarn. Hör doch, sie brechen
schon auf – Nehmt mich mit! Nehmt mich mit!

Bleibe bei mir. Du wirst den Flughafen
gar nicht erreichen. Wer weiß, ob es
Frankfurt noch gibt. Vielleicht
haben wir hier eine Chance.

Sie war nicht zu halten.
Mit dem hastig gepackten
Rucksack verschwand sie
ohne Lebwohl
in die flackernde
Nacht.

Juana, rief Reinhard ihr nach,
Juanita,
schrie er hinaus und rannte
vergeblich ins Dunkel.
Que Dios te proteja,
Juanita, mi vida!

Auf die finsteren Berge im Norden
flammt ein
Flugzeug
hinab

eine dumpfe Erschütterung

dann ein Feuer-

und Qualm-

Ball.

Am südwestlichen Horizont aber steigt eine Wolke herauf,

als würde Pluto persönlich die purpurne Faust

aus der Unterwelt

strecken.

Im Haus ist inzwischen der Rundfunk

aus seiner friedlichen Traummusik aufgeschreckt –

... brennende Flughäfen ... starke Truppenverbände ...

... die Regierungsviertel der Hauptstadt ...

... Raketenangriffe ...

... von Osten, Südosten ...

... die Grenzen ...

In München jedenfalls senden sie noch.

Nach Westen! Nach Westen!

Der Angriff auf Deutschland.

Längst prophezeit.

Abgemessen vom Himmel.

Ob Juana ihr Heimatland doch noch erreicht hat?

Reinhard jedenfalls blieb und schrieb
geheimnisvolle Zeichen
auf seine Haustür.
Und schrieb.
Und blieb.

EDITORISCHE NOTIZ

Die für den vorliegenden Band ausgewählten Gedichte (ausgenommen die als Work-in-progress abgedruckten Fragmente) entstanden zwischen 1983 und 2023. Die meisten wurden bereits in einer der folgenden, inzwischen vergriffenen Buchausgaben des Autors veröffentlicht:

- *Flug der Pelikane* (1997)
- *Auf-/Brüche* (2006)
- *Auf der Durchreise* (2007)
- *Tod und Liebe* (2011)
- *Augenblicke im Leben* (2014).

Viele der hier erneut abgedruckten Texte sind überarbeitet, einige dabei auch stark verändert worden.

ANMERKUNGEN, NACHWEISE, ÜBERSETZUNGEN

Seite 5:

Und Lieb' ist nimmermehr der Narr der Zeit,
Trifft rosige Wangen selbst der Sichel Schlag,
Lieb' wechselt nicht mit Stund' und Woche, weit
Reicht ihre Kraft bis zu dem letzten Tag.

William Shakespeare, Sonett 116
nach der Übersetzung von Schlegel/Tieck

Seite 24:

„Ne hvala"./„Nein, danke".

Seite 35:

That country not longer exist here. You are in Croatia.
Dieses Land nicht mehr existieren hier. Sie sind in Kroatien.

Seite 37:

Rape, murder/it's just a shot away.
Vergewaltigung, Mord/es is' nur 'nen Schuss entfernt.

The Rolling Stones: „Gimmie shelter" auf der LP *Beggars' Banquet.*
Decca 1968.

Seite 50 - 53:

Alle kursiv gedruckten Textfragmente stammen aus Liedern von Bob Dylan. Deren Titel erscheinen wie beim obigen Beispiel des Stones-Songs hinter den Zitaten in Anführungszeichen, der Titel der LP, auf der das jeweilige Lied veröffentlicht wurde, ist ebenfalls kursiv gesetzt.

she's true like ice, like fire/sie ist treu wie Eis, wie Feuer

a raven with a broken wing/ein Rabe mit einem gebrochenen Flügel

Bob Dylan: „Love minus zero/No limit“ auf *Subterranean Homesick Blues.* Columbia 1965.

evening's empire/has reeturned into sand
das Abendland/ist zerronnen zu Sand

Bob Dylan: „Mr. Tambourine Man“ s.o. 1965

Sara/mystical wife
Sara/mystische Frau

Bob Dylan: „Sara“ auf *Desire.* Columbia 1975.

When they came for Him in the garden/did they know?
Als sie in den Garten kamen, um Ihn gefangen zu nehmen/wussten sie (dass Er der Sohn Gottes war)?

When He rose from the dead/did they believe?
Als Er von den Toten auferstand/glaubten sie es?

Bob Dylan: „In the garden“ auf *Saved.* Columbia 1980.

before they close the door/bevor die Tür geschlossen wird

Bob Dylan: „Tryin' to get to heaven" auf *Time out of Mind.* Columbia 1997.

when He returns/wenn Er wiederkommt

Bob Dylan: „When He returns" auf *Slow Train Coming.* Columbia 1979.

war won't cease/until He returns
die Kriege hören nicht auf/bis Er wiederkommt

Bob Dylan, s.o. 1979

ev'rybody must get stoned
jeder muss gesteinigt (von Drogen berauscht) werden

Bob Dylan: „Rainy day women 12&35" auf *Blonde On Blonde.* Columbia 1966.

tryin' to get to heaven/ich versuche in den Himmel zu kommen

Bob Dylan, s.o., 1997

Seite 64:

„Annyeong-hi gyeseyo" (koreanisch)/„Auf Wiedersehen" (Wunsch der weggehenden Person)

„Annyeong-hi gaseyo"/„Auf Wiedersehen" (Wunsch der zurückbleibenden Person)

Seite 102:

Angie, Angie, ain't it good to be alive?
Angie, Angie, ist es nicht gut, am Leben zu sein?

The Rolling Stones: „Angie" auf *Goats Head Soup.* Universal 1973.

INHALT

VERWIRRENDE LICHTER 7

In der Fremde 9

Dunkler Mond 10

Shock of love 11

Carneval 12

Gabellansche Wolke 13

Ereignishorizont 16

Asteroid 18

Coma Berenices 19

Planet der toten Meere 20

BALKAN/BRUCH/STÜCKE 21

1 „Sommersonne ..." 23

2 „Wie immer begleiten mich ..." 23

3 „Roxana jedoch heißt ..." 24

4 „In Sarajewo half mir ..." 25

5 „Meine bosnische Reisebegleiterin ..." 26

6 „Tunnelstrecke nach Mostar …“ 27
7 „In karger Berglandschaft …“ 29
8 „Vier Jahre später …“ 31
9 „Magazine und Zeitungen …“ 32
10 „Am Ende der Abendmahlfeier …“ 33
11 „An jeder Palme …“ 34
12 „Im Pinienhain …“ 34
13 „Auf der palmengesäumten …“ 35
14 „Erwachen aus trübem …“ 36
15 „In der Morgensonne …“ 36
16 „Chaotischer Dreiklang …“ 37
17 „Grimmig/sinkende …“ 38
18 „Kein Tourist mehr …“ 38
19 „Häuser ohne Außenwand …“ 39
20 „Nackte Männerleiche …“ 39
21 „Zwischen dachlosen Häusern …“ 40
22 „Eine junge Frau …“ 40
23 „Entsetzen im Bus …“ 41
24 „Die Sonne taucht …“ 41
25 „Die verspätete Fähre …“ 42
26 „In einem Touristenbüro …“ 43
27 „Eines Abends …“ 44

AUTOBAHNREFLEXE 45

Februarnacht 47

Schlosskonzert 48

Laster 54

Cora 55

VERWEHENDE SCHÖNHEIT 57

Catalina 59

Liebeskino Nr. 77 60

Seoul Love 63

1 „Unerwartet in die Mitte …“ 63

2 „Unter dem steinernen Tor …“ 64

3 „Vor der stattlichen Pagode …“ 65

4 „Auf dem entwickelten Foto …“ 66

5 „Ich nur hätte sie …“ 66

6 „Manche konsumieren …“ 67

7 „Eines Tages wirst du …“ 67

Jana 68

EWIGE AUGENBLICKE 69

Gerasa 71

Engel 72

Nuestra Señora de Guadalupe 73

La Caribeña 74

Verheißungsvolle Konjunktion 75

Alter Sommer 76

HEIMKEHR 77

1 „Durch diesen Wald noch …“ 79

2 „Euer Eigenheim …“ 79

3 „Der schlanke Kirchturm …“ 80

4 „Doch wie amputiert …“ 80

5 „Über 700 000 …“ 81

6 „Das einsame Tal …“ 81

7 „Hell hing im Osten …“ 82

8 „Du standst an der Tür …“ 82

9 „Ich betrat den fremden …“ 83

10 „Dein Tod gibt Zeugnis …“ 83

11 „Bis zuletzt hast du …“ 84

12 „Wie stark die Liebe …“ 84

13 „Darin sehe ich …“ 84
14 „Dass sich die Ziffern …“ 85
15 „Mit 19 auf der …“ 85
16 „Hilferufe in der Nacht …“ 86
17 „Jahr für Jahr tiefer …“ 86
18 „Es war ein Freitag …“ 87
19 „Als ihr starbt …“ 87
20 „Weiß der Apfelbaum …“ 87
21 „Ich mähte das Gras …“ 88

SMS AUS JAPAN 89

1 „Nein, unerwartet …“ 91
2 „Eine Straßenwalze fuhr …“ 91
3 „Die Zimmerdecke …“ 91
4 „Während ich rannte …“ 92
5 „Als ich zu mir kam …“ 92
6 „Stell dir vor …“ 93
7 „Auf dem Bild …“ 94
8 „Das andere Foto …“ 94
9 „Wir durften nur zwei …“ 94

MENETEKEL 95

WCT-Rap 97

Götzendämmerung 98

Kulturindustrie 99

Schein 100

Mona 101

Deutschland 2011 102

Transhumanismus 103

Aufschlag 104

Einsamer Sommer 106

AUF DER BRÜCKE 107

1 „Aus atlantischer Wolkenpanik ...“ 109

2 „Unter/gelbrotem/Segel ...“ 109

3 „Die Pyramide ...“ 110

4 „Schritt für Schritt ...“ 110

5 „Qual-/beladener/Rück-/Blick ...“ 111

6 „Nirgends mehr Ufer ...“ 111

7 „Erloschene Nonnen ...“ 112

8 „Der Protestant ...“ 112

9 „Alle Saiten der ...“ 113

10 „Unentschlossene Freundin …“ 113

11 „Der fromme Freund …“ 114

12 „Selbst die rostroten …“ 114

13 „Meine drogen- und bier- …“ 115

14 „Die City ein schwarz …“ 115

15 „Eine Wasserstoffbombe?“ 116

16 „Am Geländer hängt …“ 116

17 „Woher dieser …“ 117

18 „Gespenstischer Gehsteig …“ 117

19 „Wie lang …“ 118

WORK-IN-PROGRESS 119

(Vier Fragmente)

Das heilige Deutschland 121

Das Wort 124

Am Ende der Zeit 127

Nach Westen 130

EDITORISCHE NOTIZ 134

ANMERKUNGEN, NACHWEISE, ÜBERSETZUNGEN 135

Egbert Dörfler
Das poetische Werk in fünf Bänden

Band 1

Die Sehnsucht der Sehnsucht der Liebe

Gedichte aus den 70er Jahren

*

Ein Zyklus aus 49 Gedichten, der hinter den einzelnen Texten die Entwicklung eines lyrischen Ich aus einer oberflächlichen, gesellschaftskonformen in eine neue, tiefere Identität andeutet. Formalästhetisch werden Ausdrucksmittel traditioneller und moderner Lyrik sowie Elemente der Massen- und Popkultur kontrastiert und verschmolzen.

edds München 2020
ISBN: 9783751980982
Taschenbuch (ca. 100 Seiten): 12 €
eBuch: 7.99 €

Band 2

Mönche, Hippies und Poeten

und andere Gedichte aus den frühen 80er Jahren

**

Die Gedichte spiegeln die durch die Angst vor einem Atomkrieg geprägte Atmosphäre in Europa in der ersten Hälfte der 80er Jahre des vergangenen Jahrhunderts. Heute besitzen die Texte eine neue, erschreckende Aktualität, da sie ahnen lassen, was uns droht. Wichtiger noch ist jedoch ihre Botschaft, dass die Apokalypse die Rettung für alle bringt, die sich rechtzeitig bekehren.

edds München 2021
ISBN: 9783754312582
Taschenbuch (ca. 110 Seiten): 12 €
eBuch: 7.99 €

Band 3

Winfred Freys letzte Reise

Roman in 101 Gedichten

***

Das Werk ist nicht nur ein ungewöhnliches, da in freien Versen verfasstes Reisetagebuch, das Eindrücke und Erlebnisse aus unterschiedlichen Ländern in einer bedeutsamen Phase der jüngeren Geschichte vermittelt, sondern auch ein experimenteller Roman, dessen Handlung von der rastlosen Suche des Protagonisten nach der perfekten Gesellschaft und der absoluten Liebe vorangetrieben wird. Ein literarischer Text, welcher das postmoderne Zeitalter metaphysischer Leere weit hinter sich lässt.

edds München 2022
ISBN: 9783754383933
Taschenbuch (ca. 250 Seiten): 18 €
eBuch: 9.99 €

Band 4

Indische Polyphonie

69 Cantos

****

Ein Roman in epischen und lyrischen Gedichten über Aussteiger, die nach dem Sinn des Lebens suchen, Frauen von diaphaner Schönheit und ein Land, in dem es leicht zu sein scheint, Gott zu finden.

edds München 2023
ISBN: 9783756209422
Taschenbuch (ca. 220 Seiten): 16 €
eBuch: 7.49 €